论语故事

下

真正的人
快乐而有礼

易中天 著　胡永凯 绘

浙江文艺出版社
Zhejiang Literature & Art Publishing House

果麦文化 出品

老师好

自从有了人类，就有了老师和学生。

第一个老师多半是妈妈。

诗人绿原说：

小时候，
我不认识字，
妈妈就是图书馆。
我读着妈妈——

当然，如果爸爸陪你玩，你也可以读爸爸。

爸爸妈妈，都是孩子的老师。

不过，光有爸爸妈妈可不行，还得有学校和专门的老师。学校可以是公立的，也可以民办。孔子就是一位民办教师，他的学校也是自己办的，跟官方没有半毛钱关系，那时候各个国家也都没有教育部。

但，孔子是最好的老师。

怎么个好呢？

疼爱学生，甚至敬畏学生。

孔子说：后生可畏。

他还说：你怎么知道后来人不如先行者？那些到了四五十岁还没什么感悟、心得和建树的，又有什么值得我们畏惧？年轻人不要怕他们！

这句话，记载在《论语·子罕》中。

孔子这样说，既是为了鼓励学生，也因为他自己有底气。他可是顶尖的思想家和教育家。所以，孔子从来就不怕别人质疑，学生有问题也尽管问。就算不能说服对方，他也不会强迫别人接受。

结果，孔子成为最早留下思想文化遗产的人之一。

我们应该去听听他的课。

现在全体起立，叫一声：老师好！

目录

求职的故事
做人要有底线

没毛的凤凰不如鸡 003
赶快卖了吧 010
老板的太太你见不见 014
我又不是葫芦瓜 018
冤家路窄 023
学而优则仕 027
丧家狗与木铃铛 034

育人的故事
教育的目标是成人

天上的星星参北斗 041
我愿做个马车夫 045
谁都能来上学吗 050
爸爸该不该爱儿子 057
君子不是东西 066
这个老头很可爱 071
人生就是音乐会 077

传道的故事

做一个有爱心的聪明人

文明是个漂亮女孩 085

哨兵就得坚守岗位 090

别忘了你是人 098

做个好人难不难 104

假如父亲偷了羊 110

尽孝不是做奴隶 116

做个聪明人 123

求职的故事

做人要有底线

我又不是葫芦瓜，
挂在墙上让人夸。
我是一根白玉带，
摆在店里等着卖。

我是一条丧家狗，
颠沛流离没路走。
我是一只木铃铛，
金声玉振传四方。

没毛的凤凰不如鸡

孔子迷路了。

这是老先生周游列国那会儿的事。当时，他正带着学生们从楚国的叶县前往蔡国。叶县的长官沈诸梁我们在上册曾经讲过，就是叶公好龙故事的主角。这人显然只能让孔子失望，孔子也只好跟他拜拜。

可是走到半路，却找不到渡口。

这时，一路随行并且担任驾驶员的是子路。孔子便接过了缰绳，让子路去询问渡口，叫问津。

子路走到田边，向两个并肩耕地的人请教。

这两人的名字都很奇怪，一个名叫长沮，另外一个名叫桀溺。沮如果读如居，是河的名字；读如举就是败坏、阻止或灰心失望，比如沮丧。溺如果读如逆，意思是淹没，比如溺死，或者是没有节制，比如溺爱；如果读如尿，那就更糟糕，是小便。桀也不好，桀骜不驯。

所以，这两个名字很可能是假的。

长沮问：拿缰绳的那位是谁？

子路说：孔丘。

这个时候，子路是在跟长者说话，所以对孔子既不称字，也不称先生，而是直呼其名。

长沮又问：是鲁国那个孔丘吗？

子路说：是的。

长沮说：那他知道渡口在哪！

这是话里有话。意思是：你们家孔夫子不是给天下人指点迷津的吗？还找不到渡口？或者说：孔某人早就知道出路在哪儿了，何必还来问我？

两种解释，都通。

子路碰了个软钉子，只好又去问桀溺。

桀溺问：先生哪位？

子路答：仲由。

桀溺又问：是鲁国孔丘的学生吗？

子路说：对的。

桀溺说：当今之世，普天之下都是滔滔洪水，请问谁能改变，又跟谁一起去改变？与其像孔丘那样，只是拒绝坏人，还不如像我们这样，拒绝整个社会。

说完，两人只顾埋头干活，不再搭理子路。

子路无奈，只好回去报告孔子。

孔子听了感慨万千。他说：人类是不能与飞禽走兽为伍的。君子不跟人打交道，又跟谁来往呢？天下如果太平无事，我又何必东奔西走参政议政？

这样的故事很多。

还有一次是在楚国。当时，孔子坐在车上，看见有人走过来，一边走一边唱：

凤凰凤凰，凄凄惶惶。

追悔莫及，来日方长。

当局者迷，就要灭亡。

孔子一听就明白，这歌是唱给自己听的。

因为那人路过的时候好像碰了一下车子。

何况，孔子向来就把自己看作凤凰。

可惜在那人看来，这只凤凰身上羽毛不多了。没毛的凤凰不如鸡，世道又江河日下，从政的人多半没有好下场。所以他说，过去的事就算了，后悔也没用。现在改变主意还来得及，日子长着呢！

这就是他那首《凤歌》的意思。

哈！这是在发出警告。

于是孔子马上下车，想跟他谈谈。

那个楚国人却跑得无影无踪。

也许，他只想点到为止，多说则无益。

结果，孔子很是惆怅。

另外一次，是子路跟孔子失联了。

失联的原因不清楚，只知道当时子路站在路口东张西望，对面正好来了位老人。老人用拐杖挑着名叫蓧（读如掉）的除草工具，所以后来被称为荷蓧丈人。

子路说：请问看见我们老师了吗？

老人说：四体不勤，五谷不分，谁是老师？

说完，自顾自除起草来。

子路恭恭敬敬地站着，一句话不说。

荷蓧丈人心软了。他留子路在家过夜，又杀了只鸡招待他，还介绍了自己的两个儿子。

第二天，子路追上了孔子。

孔子听完荷蓧丈人的故事，马上就说：这可是位隐士啊，快回去向他请教。

子路原路返回，荷蓧丈人却不见了。

看来，孔子的时代，隐士不少。

隐士就是不愿意抛头露面的知识分子。他们有知识有文化甚至还有名气，却不肯出来做官，也不肯跟当局合作，宁可去当农民，或者做渔夫和樵夫。

孔子则相反，是想从政，想做官的。

他的周游列国，便正是为了求职。

隐士们不以为然，也不奇怪。

反倒是没心没肺的子路，理解自己的老师。

他说：

君子之仕也，行其义也。

又说：

道之不行，已知之矣。

两句话都是他找不到荷蓧丈人之后说的，意思也很清楚：一个君子出来担任公职，固然是为实现自己的社会理想和政治抱负，但更重要的是为了尽义务。而尽义务这件事，由不得自己。

因此子路表示，尽管他和他的老师早就知道理想和抱负无法实现，却还是要四处奔走谋求一官半职。因为义务不能放弃，归隐则是逃避责任，是可耻的。

于是，就有了一系列孔子求职的故事。

本节故事见《论语·微子》

赶快卖了吧

有一次，子贡问了个问题。

子贡说：如果这里有块美玉，咱们是把它悄悄地藏起来呢，还是找个合适的人卖了呢？

孔子说：卖了吧，卖了吧！

他又说：我正等着买主呢！

原文是：

沽之哉！沽之哉！我待贾者也！

这句话需要解释一下。

沽读如估，买卖的意思。

如果是卖酒的商贩，就读如古。

贾，也读如古，指商人，特指店主。

古代生意人，流动的叫商，开店的叫贾。

这就叫“行商坐贾”。

总之，这句话里，贾是买，沽是卖。

卖什么？

自己。

实际上，当时孔子明白，子贡说的美玉只是比喻。广义地说指优秀人才，狭义地说就是孔子。他的问题其实也很清楚：老师是应该隐居，就像美玉深藏在匣子里面那样呢，还是应该出山从政？

孔子当然懂，便飞快地说：卖了吧，卖了吧！

急切之情，已是跃然纸上。

而且他还说：我待贾者也！

那么，他在等什么？

一种说法是好价钱。因为贾也读如价，而且也就是价钱的意思。既然是美玉，当然不能贱卖。

由此留下了一个成语：

待价而沽。

另一种说法是好买主，也就是真正识货的。宝刀赠烈士，货卖与识家。对于孔子来说，识货恐怕还是要比价高更重要的。不识货，价钱再高也没意思。

这当然也可以讨论。

但是按照子路的说法，君子出来担任公职，首先是为了实现理想和抱负，其次是尽义务。到了子贡那里却成了做生意。这并不奇怪，子贡原本就是儒商。问题是并不欣赏子贡经商的孔子，怎么也跟着这么说?

因为那原本就是打比方。

打比方的事，怎么能较真呢?

然而更重要的，还是孔子并不反对谋生，当然也不反对赚钱。只不过在他那里，君子与小人有别。小人只知道谋食，君子则还要谋道。即便谋生，也要通过传道和行道来进行。因此孔子认为，君子取富贵的唯一正当途径就是做官。做不了，那就安贫乐道。

颜回不能脱贫，原因就在这里。

所以，孔子必须从政。

沽之哉，沽之哉，迫不及待啊!

结果怎么样呢?

子路就生气了。

本节故事见《论语·子罕》

老板的太太你见不见

子路生气，有三次。

中间的一次是在孔子五十七岁时。那年，他再次到了卫国，想在卫灵公那里谋个一官半职。卫灵公的夫人南子却横生枝节讨价还价，开出的条件是：孔子必须先跟她见上一面。传话的人还说：这是惯例。

孔子头疼起来。

作为国君夫人，南子为什么要见孔子？

也许真是对孔子仰慕已久，也许是霸道惯了，更可能是兼而有之。反正南子说得很明确：想跟我们国君成为兄弟吗？那就先来见我，我也愿意见见。

这就非见不可。

事实上，孔子到卫国已经是第二次。上一次卫灵公给的薪水虽然不少，却并不信任，还派人监视，孔子只好改去陈国。结果在路上被当地人误认为是仇敌，团团围住了好几天，最后还是靠卫国人救了出来。

重返卫国，当然不能再出差错。

然而南子提出的是无理要求。天底下，哪有见国君之前先见夫人的道理？这也不合礼仪。何况那个女人的名声也欠佳，会有人说闲话的。

孔子左右为难。

不过，思来想去，还是见了。

子路却很生气，认为不成体统。他这人直呀！一不高兴，那表情就明明白白地写在了脸上。

孔子也知道自己这样做实在是太不讲原则，也担心别人有什么不当联想，便指天发誓说：我如果做了什么见不得人的事，老天爷厌弃我！老天爷厌弃我！

那么，子见南子，都干什么了？

还真没什么，不过是孔子行了礼，南子答谢，两人之间还隔着细葛布的帷幕。

如此而已。

看来，南子的动机恐怕主要是满足好奇心，再加上虚荣心。所以，她是盛装打扮之后才接见孔子的。尽管孔子根本就没看，也不会去看，但还是听见那女人还礼的时候，身上佩戴的玉器发出了清脆的响声。

见过孔子以后，南子很兴奋。为了进一步向国人显摆，她又和卫灵公一起坐在车上出行，让孔子坐第二辆车跟着，招摇过市，引来众人围观。

孔子却忍无可忍，甚至感到非常厌恶，便再次离开了卫国，尽管他还会回来。

子路也还会生气。

本节故事见《论语·雍也》《史记·孔子世家》

我又不是葫芦瓜

子路另外两次生气，一次在孔子见南子之前，一次在后，原因却都是老师急着要接受招聘去做官。

奇怪！难道磨磨蹭蹭才对？

当然不是。

子路生气，是因为招聘的人不对。

怎么不对？

简单地说，招聘者是叛军。

而且，两次叛乱的头子都是家臣。

家臣就是帮大夫管家的。

比如子路和冉有，就做过季康子的家臣。

他们协助大夫管理采邑，就叫**齐家**。

大夫协助国君管理邦国，则叫**治国**。

可惜到春秋晚期，政治秩序完全乱了，治国的大夫和齐家的家臣纷纷以权谋私。比如鲁国，执政的季孙氏便架空了国君，肆无忌惮地鲸吞国有资产。只不过那家伙没想到，自己的后院会起火。他的家臣上行下效见样学样，盘踞了费邑（今山东省费县）谋反。

得手之后，便向孔子发出了邀请。

孔子却居然想去。

子路就生气了，而且话说得很难听：没人要我们也就算了，为什么要去那种人那里？

子路有道理，因为那是犯上作乱。

孔子却居然振振有词。他说：他们招聘我，难道是白招吗？可以讲条件呀！如果那些人真的用我，我就把那个地方变成东周，变成礼仪之邦。

原来，他是要拿费邑做试验田。

不知道孔子这样说，究竟是天真烂漫呢，还是强词夺理。但把费邑变成东周，却近乎天方夜谭。东周哪有家臣叛乱，叛乱的家臣又怎会赞成东周？

这简直就是白日梦！

好在，孔子最后也没去。

后来，晋国大夫赵简子的家臣盘踞中牟（在今河南省鹤壁市）反赵，也向孔子发出邀请，他又动心了。

这回子路就更不客气。

子路说，仲由亲耳听见先生谆谆教导：

亲于其身为不善者，君子不入也。

意思很清楚：先生明明说过，亲自动手干坏事的人那里，君子是不去的。现在，那个为非作歹的家伙盘踞中牟阴谋叛乱，先生却要去帮他，请问怎么解释？

这就简直等于指责孔夫子言行不一。

孔子也急眼了。他为自己辩护说：没错，我是那样说过。可是真正坚固的东西，磨也磨不薄；真正洁白的东西，染也染不黑。我这回是到坏人那里去。但是像我这样真正的好人，难道就会跟着变坏吗？

哈哈，好像也有道理。

可惜，这是胡搅蛮缠。

不妨看看两个人的问题和回答。

子路问：为什么要到坏人那里去帮忙？

孔子答：反正去了以后也不会变坏。

呵呵呵，这是什么莫名其妙的逻辑！难道只要去了以后不会跟着变坏，就应该去吗？那么请问，不去坏人那里的原则可怎么坚持？不去又怎么不行？要知道那些家伙并没有拿刀子逼你呀！就算不能严词拒绝，至少也能婉言谢绝吧？还可以装聋作哑不予理睬嘛！

这就让子路想不通。

换了我们，也一样。

孔子也只好实言相告：

吾岂匏瓜也哉？焉能系而不食！

匏读如袍，就是葫芦瓜。葫芦瓜有甜有苦，苦的不能吃，只能做装饰品。所以这话的意思是：我难道就像那苦匏瓜，中看不中用，只能挂起来做摆设吗？

妙哉此言，这才是心里话。

原来，孔子是一定要被人聘请的，因为他的学问是政治学和伦理学。这就要实践，否则便一点作用和价值都没有，而且也不知道那学问是对是错。

怎么实践？

做官。因为只有做了官掌了权，才能发布政令改造社会，教育人民敦风化俗。更何况推行政治主张和实现道德理想都需要时间，孔子岂能不急？

急不择路，就闹笑话了。

好在，这次他也没真去。

本节故事见《论语·阳货》

冤家路窄

真正让孔子狼狈不堪的，是阳货。

阳货又叫阳虎，原本是鲁国世袭执政官季孙大夫的家臣。季孙家族很牛，把持了鲁国的朝政。没想到阳货更牛，居然逼着季孙家把权力交给自己，然后像模像样大大咧咧地做起鲁国的当家人来。

孔子也马上就有了麻烦。

为什么呀?

因为阳货掌权以后，很想要孔子出来做官，还很想让孔子来拜访自己。孔子当然不肯跟这种人合作，也不愿意去见他。话不投机半句多，有什么好见的。

于是，阳货便派人送来一只蒸熟的乳猪。

按照当时的礼节，孔子应该登门道谢。

这下孔子难办了。他去也不是，不去也不是，便故意挑了个阳货不在家的时候去回拜。

没想到，两人在路上撞个正着。

这可真是惹不起也躲不起。

阳货则很不客气地说：你，过来，听我跟你说!

此人的年纪大很多，孔子只好过去。

于是阳货问孔子：国家混乱不堪需要治理，却揣着明白装糊涂，能够算作“仁”吗?

孔子不吭气。

阳货便自己说：不能!

又问：明明喜欢做官从政，却一再错过机会，能够算作“智”吗?

孔子又不吭气。

阳货又自己说：不能!

然后说：光阴似箭，岁月不饶人呀！

意思是：你看着办吧！

孔子这才说：遵命，我出来做官。

那么，孔子到阳货那里去做官了吗？

没有。

他担任公职，是在阳货离开鲁国之后。

这就有问题了。

孔子，到底是不是急于做官？

如果很急，为什么拒绝阳货？

如果不急，为什么对叛军也动心？

他，究竟是怎么想的？

我们很想知道。

学生们应该也很想知道。

本节故事见《论语·阳货》

学而优则仕

某天，樊迟来见孔子。

樊迟也就是樊须，字子迟，所以也叫樊迟，跟公西华一样是三期的学生，比孔子小三十六岁。他在《论语》中出现了六次，五次都是提问，孔子很喜欢。

只有这回，先生不高兴。

原因，是樊迟提出要学习种粮。

学生要选课，老师不能发脾气。主张温良恭俭让的孔子也只好说：抱歉，这事我不如老粮农。

樊迟说：那就学习种菜。

孔子说：这事我不如老菜农。

老师开不了课，学生也只好退出。

但是樊迟一走，孔子就大发议论，中心思想无非是这些课程毫无必要，根本就不该开设。重要的是，孔子还说了一句听起来很严重的话：

> 小人哉，樊须也。

骂人啊？

不，是感慨。

因为君子和小人有多种含义，其中之一是：

君子——上等人。

小人——下等人。

下等人的职业是什么？

干农活，当工匠，做生意。

所以孔子感慨：小人哉，樊须也。

意思是：樊须这孩子，怎么想学下等人的事？

那么，上等人又该干什么？

努力学习，追求真理。

孔子还说，只有这样才能生存。如果像下等人那样干农活，当工匠，做生意，反倒会饿肚子。

原文是：

君子谋道不谋食。

耕也，馁在其中矣。

学也，禄在其中矣。

君子忧道不忧贫。

这就奇怪！

读书，也能挣钱？

当然不能。但是读了书，就能做官。做官是有俸禄有薪水的。做官领工资，就叫禄在其中。

这就是君子的生存方式：读书做官。

毫无疑问，这只是孔子的说法。事实上，所有人都是平等的，职业也是平等的，没有高低贵贱之分。一个人只要忠于职守，尽心尽力地做好自己的工作，就值得尊重和尊敬，为什么要将职业分成三六九等呢？

可惜，我们没法跟老先生讨论。

最能理解孔子这一思想的，是子夏。

子夏名叫卜商，比孔子小四十四岁，跟樊迟一样也是三期的学生，只不过在文学科。

他说过一句非常有名的话：

学而优则仕。

仕，当然就是做官。

所以，这句话往往被理解为：

学习成绩好就可以做官。

其实这是不对的，因为前面还有一句：

仕而优则学。

什么意思呢？

难道是“做官有政绩就可以做学问”？

当然不是。

实际上，优不是优秀，而是优裕。

或者说，有余，富余。

所以全文的意思是：

如果做官长袖善舞，那就去做学问；如果治学绰绰有余，那就去搞政治。

在读书与做官之间游刃有余而且能够自由转换，才是孔子他们的人生理想。

左边书房　　右边殿堂
来来往往　　正正堂堂

如果做不了官呢？
那就着急呗！

但，为什么拒绝阳货？

因为孔子做官是有原则的，他说：如果自己的国家政治清明，便可以也应该出来做官。而且，这个时候你没有财富和地位，是可耻的。相反，政治黑暗，也做官领薪水，荣华富贵，飞黄腾达，更可耻！

这就告诉我们：

做人要有底线。

孔子是有底线的。他说：

富与贵，是人之所欲也；

不以其道得之，不处也。

贫与贱，是人之所恶也；

不以其道得之，不去也。

君子去仁，恶乎成名？君子无终食之间违仁，造次必于是，颠沛必于是。

这段话的意思非常清楚：

荣华富贵，是人人都希望的。

但，如果谋取的手段不正当，那就宁肯不要。

贫穷卑贱，是人人都厌恶的。

但，如果躲避的手段不正当，那就宁肯不躲。

所以，他做官和归隐的选择标准是：

天下有道则见，无道则隐。

见读如现，意思也是现，也就是出山。

道，则是仁德。

孔子说，失去了仁德，还能叫君子吗？又怎么能够成就自己的美名？所以，一个君子，必须片刻都不背离仁德，哪怕焦头烂额，哪怕颠沛流离。

那么，孔子做到了吗？

做到了。

结果怎么样呢？

真的颠沛流离，成了丧家之犬。

本节故事见《论语》之《子路》《卫灵公》《子张》《宪问》《泰伯》《里仁》

丧家狗与木铃铛

孔子到达郑国时，跟学生们走散了。

这次的跟班不是子路，是子贡。

子贡问一个郑国人：看见我们老师了吗？

郑国人说：东门外有个人，面容憔悴疲惫不堪就像丧家之犬，不知道是不是你们老师。

子贡跑过去一看，果然是。

然后，他把郑国人的话告诉了孔子。

孔子听了哈哈大笑：刚才他说我像什么？累累若丧家之犬？嗯嗯，是这样，真是这样啊！

照这么说，孔子承认自己是丧家狗？

是的。

看来，老先生很有自知之明。

实际上，孔子虽然周游列国找工作，在鲁国和卫国也短时间地做了官，却其实并不得志。他的政治主张没有人愿意实行，道德理想也没有人愿意实现。

结果，仍然是挂在墙上只看不吃的葫芦瓜。

只不过，这葫芦瓜镀了金。

孔夫子很郁闷。

这一点也终于被人看出。

那是孔子在卫国的时候。

某天，他在房间里击磬。

磬读如庆，是一种玉石制造的打击乐器，敲击起来叮叮咚咚响。我们知道，孔夫子是懂音乐的，还曾经向大师级的音乐家学习。他击磬，可谓言为心声。

正好，有个挑着草筐的汉子从门前走过。

汉子说：这个磬敲的，有心思啊！

过了一会又说：太俗气了！这声音，好像唠唠叨叨在向人诉说，没人了解我，没人了解我。没人了解就没有嘛，有什么了不起的。郁郁寡欢，至于吗？

孔子无话可说。

其实，学生也是有意见的。

那是在前往陈国的路上，孔子一行断了粮，同学们都饿得病得爬不起来。子路就发起脾气来，脸色十分难看地嚷嚷说：我们君子，也会走投无路吗？

这话可笑。

实际上，只要是人，就有可能陷入困境，君子当然也不例外。但在子路看来，君子应该得天独厚。老天爷既然另眼相看，怎么会狼狈不堪？

孔子只好说：

君子固穷，小人穷斯滥矣。

意思是：君子替天行道，难免千难万险，遭遇困难不足为奇。只不过，君子不像小人，无路可走时就歇斯底里，没有底线，胡作非为。

子路也无话可说。

幸运的是有人理解，其中一个是在鲁国首都看守城门的。某次，子路没能赶在关门之前进城，便在城外睡了一宿。第二天早上看城门的问：你从哪里来？

子路说：从孔子那里。

那小吏说：啊！就是那位明明知道做不到，却偏偏还要去做，知其不可而为之者吗？

这话到位。实际上，知其不可而为之，正是孔子的精神，而这种精神是值得尊敬的。有一个镇守边疆的小官就曾对孔子的学生们说：你们这些人，为什么要忧心忡忡，为什么会有失落感呢？天下无道已经很久，老天爷是一定要让先生做人民导师的。

原文是：

> 天将以夫子为木铎。

木铎就是木舌的青铜铃铛。当时，官方如果有公事要宣布，就会派出使者，摇响木铎。这人说，天将以夫子为木铎，便是把孔子看作了上天的发言人。

那么，孔子会告诉我们什么呢？

慢慢看。

本节故事见《史记·孔子世家》，《论语》之《宪问》《卫灵公》《八佾》

育人的故事

教育的目标是成人

树上的鸟儿飞呀飞，
老师的老师又是谁？
有人问，有人追，
有人掉进故纸堆。

天上的星星参北斗，
铁杆的粉丝门前守。
有人唱，有人吼，
有人匆匆满街走。

天上的星星参北斗

在国外转了几圈以后，孔子开始想家。

善解人意的子贡马上就看出来了。这时，冉有正好接受鲁国执政官季康子的招聘，准备担任季孙家族采邑的大管家。子贡便交代冉有：老师其实不开心，你一定要想办法让他老人家风光体面地回国去。

冉有答应了，也做到了。

当然，是在他立了大功以后。

据记载，当时鲁国和齐国发生了战争。冉有便亲自率领军队，跟他那个想学农的师弟樊迟并肩作战，出奇制胜把齐军打得落花流水，一败涂地。

季康子大喜过望。他问：先生的军事才能，是学来的呢，还是天生的？

冉有说：我们老师教的。

这话很不靠谱。打仗并不是孔子的强项，也不是他的愿望。他的政治主张是：

为政以德，譬如北辰，居其所而众星共之。

北辰就是北极星。共读如拱，意思也是拱，也就是拱卫和环绕。这话的意思是：一个优秀的领导人，应该以自己的道德品质和个人魅力来吸引大家，自然而然地形成威望，就像天上的星星参北斗。

那还打什么仗？

冉有却不能这么说。

他得说：我们老师可会打仗了。

季康子也果然动心。

他问：如果请你们老师回国，可以吗？

冉有说：没有小人作祟，就行。

于是，季康子便派出了庞大的代表团，带着厚重的礼物，恭恭敬敬把孔子迎了回来。

孔子也正好在卫国待不住。

待不住的原因是那里要打仗，发动战争的人向孔子请教军事问题。孔子回答：要说厨房里的事，我还多少知道一点。行军打仗，可是听都没听说过。

说完，立即吩咐备车走人。

他还说：鸟是可以选择树的，树又岂能选择鸟？

季康子却因为要打仗，请回了孔子。

这可真是莫大的讽刺！

回到鲁国的孔子也让季康子失望。

季康子说：我要杀人。

孔子问：大夫想杀谁？

季康子说：坏人。杀了坏人，就亲近好人。

孔子说：什么是政治？政治就是端正。执政哪里用得着杀人？只要当局自己向善，民众就肯定向善。君子之德就像风，小人之德就像草。风往哪边吹，草就往哪边倒。执政者以身作则，老百姓谁敢胡来？

这就谈不拢，孔子的官当然也做不成。

幸亏这时他老人家六十八岁，做官的劲头已经没那么大，相比从前也更能面对现实。政治上既然无望，就安安心心做学问，当老师吧！

那才真是天上的星星参北斗。

本节故事见《史记·孔子世家》，《左传·哀公十一年》，《论语》之《为政》《颜渊》

我愿做个马车夫

其实，当老师也不容易。

最大的问题是资格。

有个卫国人就曾经问子贡：仲尼焉学？这话的意思很清楚：你的老师是孔子，孔子的老师又是谁？

他这样问，可能是好奇，也可能是质疑。

为什么呢？

因为一个人如果名气很大，人们就会关心，这个人是什么学历，从哪个学校毕业，师从何方神圣，几岁开始读经典，对有关问题研究多少年了，等等。如果答不上来，他就会怀疑你名不副实，是文化骗子。

老师的老师，有时比老师还重要。

孔子却恰恰是自学成才的。

那么，子贡又怎么回答呢？

他说：先王之道并没丢失，而是散落在民间，谁都能继承，只不过贤明的人抓住了西瓜，愚钝的人捡到了芝麻。既然如此，我们先生在哪里不能够学习，为什么非得要有固定的老师和专门的传授呢？

最后一句原文是：

夫子焉不学？而亦何常师之有？

好一个子贡，回答得真是漂亮！

的确，英雄不问出处。一个人只要真有学问，课上得好，你管他知识从哪里来，老师是谁。自学成才也是人才，学无常师方为大师。非得死守什么门派，撑死了也就是个掌门和传人，当不了宗师。

大师，一定是博学多才、融会贯通的。

可惜，总是有人想不通，比如某村民就说：

大哉孔子，博学而无所成名。

什么叫“博学而无所成名”？

也有三种解释：

赞美：孔子这人真是太伟大了，多才多艺，没办法用一门学科来称他为某个方面的专家。

叹息：孔子确实博学，可惜没有专长。

讥讽：他那个人啊，样样都通，件件稀松。

孔子听了，便对弟子们说：同学们，你们看我是做马车夫呢，还是做射击手？

原文是：

吾何执？执御乎？执射乎？吾执御矣。

两种选择，有什么不同？

射击手只是盯着一个目标。

马车夫却能够到处乱跑。

于是孔子说：我还是做马车夫吧！

哈哈，他可不当什么专家！

我们呢？做马车夫，还是射击手？

也不是非得二选一。

做马车夫的，不妨有时候做射击手。比方说，深入研究某个问题，成为某个方面的专家，只要不画地为牢就好。同样，做射击手的，也不妨做做马车夫。比方说业余时间博览群书，参加各种社会活动，等等。

课外书，一定要看啊！

更重要的，是孔子的以下名言：

三人行，必有我师焉。择其善者而从之，其不善者而改之。

这句话的原意，是世界上有好人有坏人，每个人的身上也有优点有缺点，所以人人都能成为老师，只不过有的是正面教员，有的是反面教员。

这当然很对，但未免简单。

实话实说，寒来暑往，万物生长，奇峰耸立，小河流淌。江山如此多娇，生活也该丰富多彩。更何况世界上的人和事也并不简单地就是好不好，教员又岂能只有正反两面？某些说不上善恶，也未必有用的东西，比如业余爱好之类，学学又何妨？

生活中处处有学问，赶着马车前进吧！

本节故事见《论语》之《子张》《子罕》《述而》

谁都能来上学吗

老师是谁不重要，学生呢？

更不重要。

本书上册说过，孔子门下那可是什么人都有。发脾气的，闹别扭的，犯糊涂的，认死理的，拿怪问题刁难老师甚至被宣布为应该开除学籍的，一应俱全。

学生们的性格也都很鲜明，比如：

柴也愚，参也鲁，师也辟，由也喭。

这话不知谁说的，意思却很清楚：

高柴：笨笨的。
曾参：呆呆的。
子张：老说过头话。
子路：老干鲁莽事。

怎么样，五花八门吧？
难怪孔子主张因材施教。
那么，随便什么人都能做他学生吗？
好像也是，因为孔子说过两句话：

自行束脩以上，吾未尝无诲焉。
有教无类。

这很有意思，也很有问题。
比方说，什么是束脩？

脩读如修，束脩就是十条干肉。

这是通常的讲法。因此不少人认为，只要肯交十条干肉，就能成为孔子的学生。身份地位啊，地域种族啊什么的，都没有关系，也不是问题。

他们说，这就叫**有教无类**。

意思是：人人我都教育，没有区别。

这种理解可疑。

请问，十条干肉真是门槛？如果交不起呢？是不是就不收他做学生了？那又怎么能说人人我都教育，没有区别？要知道在当时，十条干肉的价钱可并不低。

实际上，束脩未必是干肉，也有学者认为是约束和修饰，因为脩就是修。我们在上册讲过，男孩子举行了成年礼以后，就要扎起头发穿上正装，也是束修。

自行束脩以上，意思是成年人。

更何况，就算束脩是十条干肉或别的东西，那也是见面礼，不是学费。如果是学费，那么请问是一次性的还是每年都交？因此，孔子这句话的意思是：只要带来见面礼，表示愿意自我约束，接受修理，那么，我多少都要回答他一些问题，给他一点指导性的意见。

这才是正解。

有教无类呢？

是不分类别进行教育吗？

也不是。

先看“有 A 无 B”这种句式。

这种句式在汉语中有四种意思：

一、只有 A，没有 B。

比如：有勇无谋，有名无实。

二、有 A，没有非 A。

比如：有增无减，有过之无不及。

三、既有 A 又没有 A。

比如：有意无意，有一搭没一搭。

四、如果有 A，就没有 B。

比如：有备无患，有恃无恐。

有教无类，属于哪一种呢？

显然，前三种都不对。

能选择的，只有第四种：有 A 则无 B。

比如：

有备无患——有备则无患。

有恃无恐——有恃则无恐。

那么，有教无类呢？

有教则无类。

也就是说，在接受教育之前，人是有类别的。但是通过教育，却可以消除这些差别。有教则无类，是教育的结果，不是前提，大家不要搞错。

这就是孔子的教育思想：

通过教育来消除差别。

这是了不起的构想，孔子也堪称中国历史上最伟大的教育家。可惜，他并不能把全社会人与人之间的差别都予以消除。能做到的，也就是教好自己的学生。

何况在他看来，有些差别永远都无法消除。

孔子说：

生而知之者，上也；
学而知之者，次也；
困而学之，又其次也；
困而不学，民斯为下矣。

中人以上，可以语上也；
中人以下，不可以语上也。

唯上知与下愚不移。

很清楚，孔子按照智力水平把人分成了四等：

上等：生而知之，天才。
中上：学而知之，主动学习的人。
中下：困而学之，被动学习的人。
下等：困而不学，不肯学习也不会学习的。

孔子的自我定位，是中上。

他说：我不是生而知之者。

他的学生，则号称三千弟子，七十二贤人。

这样看来，学生里面中上的不到一百，剩下两千多是中下。遇到困难和困惑都不肯或不知道要学习，就算学习也死不开窍，教都教不会的，孔子不收。

那种人，就叫下愚。

最上等，则叫上知。

知读如智，意思也是智。上智用不着教他，也没人教得了。比如莫扎特或者梵高，难道也要上音乐学院或美术学院？至于下愚，不可救药，教也没用。

这就叫：唯上知与下愚不移。

可是请问，这跟“有教则无类”岂不矛盾？

未必。因为孔子认为，他自己和他的学生们都既非上知也非下愚。由此可见，能够通过教育来消除差别的仅限于中等智力之人，有教则无类是有前提的。

不过，这层意思，孔子自己没说。

但有此前提，话就实在得多。

本节故事见《论语》之《先进》《述而》《卫灵公》《季氏》《雍也》《阳货》

爸爸该不该爱儿子

孔子有两个学生，很特别。

特别生一个叫孔鲤，另一个叫陈亢。孔鲤是老先生的独生子，字伯鱼。陈亢却没有被司马迁列入孔门弟子名单，应该是粉丝。而且，就像所有追星族一样，他对孔夫子的言行举止十分好奇，也十分关心。

有一天，陈亢遇到了孔鲤。

这可是天赐良机，陈亢当然不肯放过，便赶紧向比自己年长一辈的孔鲤提出问题。他说：伯鱼先生，您在老先生那里，应该也多少听到过些特别的教导吧？

孔鲤说：没有呀！

接下来，孔鲤讲了两件事。

尝独立，鲤趋而过庭。

曰：学《诗》乎？

对曰：未也。

不学《诗》，无以言。

鲤退而学《诗》。

他日，又独立，鲤趋而过庭。

曰：学《礼》乎？

对曰：未也。

不学《礼》，无以立。

鲤退而学《礼》。

趋，就是小步快走，表示恭敬。

庭，则是建筑物台阶前的空地。

趋而过庭，即小步快走通过庭院。

只不过，孔鲤在趋而过庭时被叫住训话了。

所以，后世便把接受父亲的教诲叫作趋庭。

把受教于父亲叫作过庭。

父亲的教诲则叫作庭训、庭闻、过庭语。

现在我们来讲这个故事。

某天，孔子一个人站在庭院里，孔鲤恭恭敬敬迈着碎步从他面前走过，结果被孔子叫住。

孔子问他，学《诗》了吗？

孔鲤回答，还没有。

孔子说，不学《诗》，就不会说话。

于是孔鲤退了回去，开始学《诗》。

又一天，孔子又是一个人站在庭院里，孔鲤又迈着碎步从他面前走过，结果又被叫住。

孔子问他，学《礼》了吗？

孔鲤回答，还没有。

孔子说，不学《礼》，就不会做人。

于是孔鲤退了回去，开始学《礼》。

孔鲤告诉陈亢：我听到的，就这两条。

陈亢却非常兴奋。他说：我只问一个问题，就得到了三个答案，知道要学《诗》，知道要学《礼》，还知道了作为君子应该怎样对待自己的儿子。

该怎样呢？

原文只有一个字：**远**。

或者说：君子远其子。

什么叫远？

疏远吗？

冷淡吗？

为什么？

说法五花八门。有人说是因为角色分工不同：严父慈母嘛！也有人说是为了保证父道尊严。父子之间过于亲热，就会没大没小，不成体统。

所以，必须保持距离，不能腻。

结果怎么样呢？

那些不会做爹的便整天端着架子板着脸，见了儿子不是训斥便是打骂，毫无父爱可言，就像《红楼梦》里贾宝玉的父亲贾政。没错，那正是个伪君子。

事实上，这种做派不但虚伪，而且愚蠢。

我们知道，一个人的健康成长，可是既需要母爱也需要父爱的。缺少任何一方面，都会有问题。何况父子之间不像母子，原本就关系微妙。男孩进入青春期以后便更是如此，弄不好就会反目为仇。这时你还来个“君子远其子”什么的，岂非雪上加霜？

那么，正确的处理方式是什么？

亲密有间。

也就是说，**既充满父爱，又保持距离**。

孔子对待孔鲤便多半如此，至少没有证据表明他会像贾政那样。我们不知道那“庭训”是什么语气。但从内容看，应该是温和平实的，因为说那些话完全犯不着声色俱厉。至于不给儿子开小灶，则不过是当老师的对学生一视同仁，再说他家也没有独门绝活要秘传。

其实“君子远其子”只是陈亢的说法，理解为冷若冰霜更是大错特错。要知道孔子是主张中庸的，他认为事情做过头就等于不到位，叫：

过犹不及。

那么，把父子关系弄得像敌人或路人，算什么？

当然，溺爱也不对，也是过。

既不疏远也不溺爱，才叫中庸之道。

道理也很简单：

没有父爱就没有健康，没有距离就没有原则。

但，仅仅这样说，还不够。

为什么呢？

因为**继承文化遗产，必须进行现代阐释**。按照现代文明的观点，孩子不是任何人的私有财产，更不是工具和奴隶。他们首先是人，其次才是你的孩子。

让孩子成为真正的人，才是父母的天职。

那么，真正的人，有标准吗？

有。

是什么？

独立人格，自由意志。

为什么是这两个标准呢？

道理很简单：

没有独立人格，就是奴隶；

没有自由意志，就是木偶。

所以，各位家长请注意：

这两条要是没了，你的人生将连同他的一并失败。

也就是说：

有间不是疏远也不是冷淡，而是尊重。

这是我们每个人都应该学会的。

那么，怎样尊重？

人格既然独立，就不能非法侵入。

这就要：

尊重隐私。

意志既然自由，便不能强行干预。

这就要：

尊重选择。

当然，父母家长对未成年人有监护权，对已成年人有建议权。但，**监护不是管制，建议不是命令**。父母亲甚至可以这样说：孩子，你有权做出选择，但你做出的任何选择都将由你自己埋单。

这就是尊重，也是真正的爱。

在尊重的前提下去爱，就叫亲密有间。

父子如此，夫妻和情侣也一样。

本节故事见《论语》之《季氏》《先进》

君子不是东西

孔子也认为，教育的目标是成人。

人其实也有好几种。最高级的叫圣人和仁人，孔子自己都说做不到。最差劲的叫小人，则是时时被拉出来批判的。孔子是有理想的现实主义者。因此，他的培养目标在二者之间，具体地说就是**君子**。

那么，君子是什么样的？

这就不好说了。

为什么呢？

因为仅仅《论语》中就有一百多处提到君子。逐条分析吧，咱这课要拖堂。举例说明呢？又会有盲人摸象和以偏概全之嫌。最后，还是不得要领。

所以只能看，君子不是什么。

不是什么呢？

孔子说：

君子不器。

这话可能有三种意思，直译过来有点难听：

君子不是东西。

君子不能是东西。

君子不能只是东西。

说明一下，这种翻译很现代。

孔子那时候，还没有人说“东西”这个词。

这个词是汉唐以后才有的。

唐代长安的商业区，分为东市和西市两个，东市卖唐朝土特产，西市卖外来商品，包括现在维吾尔族吃的抓饭，包括葡萄美酒夜光杯。

长安人购物，也要么在东市，要么在西市。

这就叫**买东西**。

如果不是在这两处买的呢？

品质没有保证，**不是东西**。

所以，君子不器，只能翻译为不是器物。

可见，孔子的教育主张是：

不要成材，也不要成器。

为什么？

因为成材成器是小人的事。

小人并不是坏人，而是比较低级的人。他们要从事体力劳动或脑力劳动，必须有一技之长，也必须把自己变成材料和工具，这就是器。

君子则相反，谋道不谋食。

孔子还说，君子食无求饱，居无求安。

好嘛！吃饭睡觉都不重要，哪里还需要什么谋生的手段和技能？君子不器，就是这个意思。

可惜，孔子这是站着说话腰不疼，因为他培养出来的学生多半能做官，穿衣吃饭根本不是问题。读书做官既能谋道又衣食无忧，当然谁都愿意。

问题是，如果做不了官呢？

那就只能像颜回，苦哈哈的不改其乐。

这很值得尊敬，却未必应该提倡。颜回愿意是颜回自己的事，但不能要求大家都这样。毕竟，谋生总归是第一位的。皮之不存，毛将焉附？生存都成问题，请问如何谋道？喝凉水，数星星吗？

问题在于，如果只是赚钱吃饭，就跟盯着食槽的猪没有两样。谋生第一，却不能是唯一。因此既要有一技之长，又不能只有技能。既能谋生，又能谋心，全面而自由地发展，我们就能继承孔子的思想：

通过教育使人真正成为人。

问题是，什么叫真正成为人？

这当然又说来话长。

但，最好的办法，是看看孔子自己。

本节故事见《论语》之《为政》《学而》

这个老头很可爱

有个人想见孔子。

孔子却不愿意见，便让门房回去告诉来人，说自己生病了。可是，传话的还没走到门口，孔子就在房间里又弹琴又唱歌，还故意让那人听到。

哈！我没病，身体好着呢！就是不见你！

孔夫子，也会这样？

当然会，骂人他都敢。

有一次，子贡问：怎样才可以叫作士？

士，原本是当时一个特殊阶层，相当于现在的知识分子。但在孔子那里，地位是要和品位相匹配的。子贡也其实是问：一个人要怎么样才配称为士。

孔子答：爱惜羽毛，懂得羞耻，能够出使四方而且不辱君命，就可以叫作士。

子贡问：次一等呢？

孔子说：同族人都称赞他孝顺父母，乡亲们都称赞他尊敬长老。

子贡又问：再次一等呢？

孔子说：言必信，行必果。可惜，这就是浅薄固执的小人了，不过马马虎虎也算最次一等的。

子贡再问：现在那些当官的呢？

孔子立马不屑一顾地说：

噫！斗筲之人，何足算也？

斗就是量斗；筲读如稍，就是饭篮。斗筲之人也就是度量狭小见识短浅的家伙。

所以这话也可以翻译为：

哼！那帮家伙，算得了什么！

当权派的档次还在小人之下。

这可真是鄙夷之情溢于言表。

何况，孔子不但背后骂，也敢当面顶。

有一次，鲁国执政官季康子表示：盗贼横行，不杀不行。孔子立马毫不客气怼回去：如果季孙大夫您自己不那么贪婪，便是重金悬赏也没人盗窃！

说这话时，态度恐怕依然温和。

这叫什么呢？

温良恭俭而不让。

孔子不但自己这样做，也这样教学生。有一次子路问老师，该怎样服务于君主，老先生的回答便是：

勿欺也，而犯之。

也就是说，不能欺骗，可以顶撞。

这说明什么呢？

真实是基本原则。

不能欺骗，可以顶撞，都是求真。

所以，他也认错。

有一次，孔子到武城参观。

武城在今天山东省平邑县南，当时是鲁国首都曲阜附近的小邑，孔子有个学生在那里当地方官。他老人家来到武城，说不定就是因为受到邀请去视察。

这个学生叫言偃，字子游，文学科的。

言偃比孔子小四十五岁，精通历史文献。他对老师的教导不但心悦诚服，而且愿意身体力行。所以，孔子刚到武城，就听到了弦歌之声。

显然，这是把礼乐教化普及到了基层。

孔子却笑了。

他说：杀鸡哪里用得着牛刀？

子游马上就顶了回去。

他说：学生曾经听先生谆谆教导，君子学习礼乐就有爱心，小人学习礼乐就听使唤，不是吗？

孔子很尴尬。

不能说老先生没有道理，因为当时的武城实在太小了，大约也就相当于我们现在一个乡。子游在那里推行礼乐教化，多少有点小题大做。

但是这个事情不能说穿。先王之道既然放之四海而皆准，就不能说小地方用不着。精神文明建设，难道还要看地方大小，看对象是谁吗？

巴掌大的地方，那也是地方呀！

孔子也马上改口。

他说：同学们，言偃的话没错，我刚才是开玩笑。

当时的神态，一定很好玩。

这就是历史上真实的孔子。他是有血有肉的，充满真情实感，不掩饰，不做作，有时还憨态可掬。尤其是扭扭捏捏承认错误的样子，相当可爱。

孔夫子是人不是神，更不是泥菩萨。

本节故事见《论语》之《阳货》《子路》《颜渊》《宪问》

人生就是音乐会

心情好的时候，孔子会唱歌。

那时没有录音，不知道老先生水平如何，也不知道他用哪种唱法。但据记载，孔子和别人一起唱歌，如果唱得开心，就会请那人再唱一遍，而后和之。

和，读如贺。

而后和之，什么意思？

可能是唱第二段。

也可能是唱另一声部。

还有可能是伴唱。

总之，他会唱歌。

会唱歌的孔子不但把课堂变成了音乐厅，也把人生看作了音乐会。他这样说：

知之者不如好之者，好之者不如乐之者。

这里的乐读如勒，是快乐。

翻译过来就是：知道应该学习不如爱好学习，能够爱好学习不如在学习中感到快乐。

所以他又说：

兴于诗，立于礼，成于乐。

这里的乐读如跃，是音乐。

兴于诗，就是通过读诗进行启蒙。

立于礼，就是通过学礼立于社会。

成于乐，则是最后达到音乐般的境界。

艺术教育吗？

是的。因为在孔子那里，道德与艺术相通，音乐与快乐同一。音乐是让人快乐的，而且最能让人感到快乐的就是音乐。达到音乐般的境界，才是乐之者。

孔子说，他自己就是这样的：

吾十有五而志于学，三十而立，四十而不惑，五十而知天命，六十而耳顺，七十而从心所欲，不逾矩。

这话非常有名，甚至成为年龄段的代名词：

三十岁：而立之年。

四十岁：不惑之年。

五十岁：知天命年。

六十岁：耳顺之年。

看来，孔子的一生是这样的：十五岁时就知道应该学习，三十岁时已经通过学礼自立于社会，四十岁时就不再有困惑和摇摆，五十岁时知道使命所在，到了六十岁便什么话都听得进去，别人爱怎么着就怎么着。

七十岁呢？

自己想怎么样就怎么样。

而且，还完全符合规律和规则。

没错，从心所欲，不逾矩。

问题是，这可能吗？

可能，音乐就是这样。

音乐必须符合规律，讲究规则，否则那演唱或演奏就会变成车祸现场。但是那些音乐家，可不就是想怎么来就怎么来，尽情表现自己的内心世界吗？

这就叫什么呢？

自由。

实际上，自由不是无法无天，而是在遵守游戏规则的前提下和过程中实现目的。不守规则不合规律，那就不叫自由叫胡来，只会由于犯错误而付出代价。

孔子主张“成于乐”的道理就在这里。

不过必须说明几点：

首先，成于乐之前，先要立于礼。

其次，孔子的音乐，是古典音乐。

最后，孔子的教育，是贵族教育。

最重要的是，不逾矩的矩，是礼。

因此，孔子的育人主张可以表述为：

真正的人，是真实、自由、快乐而有礼的。

难怪他把人生看作了音乐会。

现在我们来总结一下：

真实，是基本原则。

自由，是人生理想。

快乐，是最高境界。

彬彬有礼，是君子风范。

仁爱之心，是为人之本。

最后一条好像没有说过。

没错，这是孔子的核心思想，得专门说。

本节故事见《论语》之《述而》《雍也》《泰伯》《为政》

传道的故事

做一个有爱心的聪明人

凤凰凤凰要飞翔，
麒麟麒麟站路旁。
小河小河在流淌，
先生先生奔走忙。

奔走忙，为哪桩？
七尺男儿有担当。
洪水滔天翻巨浪，
孤岛之中高筑墙。

文明是个漂亮女孩

有次，子夏问了个怪问题。

子夏的情况前面说过。他的名字叫卜商，是文学科的学生，研究历史文献学的。这人的影响非常大，因为后来许多王侯将相都拜他为老师。孔子被尊为圣人，主要靠子贡；孔学得以流传，则主要靠子夏。

这样的学生，也不会随便提问。
提问前，子夏先引用了三句诗：

巧笑倩兮，美目盼兮，素以为绚兮。

这是《诗经》里的一段话，翻译过来就是：

微微一笑，楚楚动人。
眼珠一转，顾盼有神。
素净的底子，
绚丽的花纹。

哇，漂亮女孩啊！
子夏却问：

何谓也？

意思是：这句诗什么意思呀？
这有什么好问的！
子夏这书呆子，没见过女孩？
当然不是。

实际情况是，孔子的课堂讨论不能就事论事，要能由此及彼，举一反三，浮想联翩。何况子夏引用的版本比我们现在看到的还多了一句：

素以为绚兮。

这是关键的一句话，却应该不难理解。

因为素就是朴素，绚就是绚丽。

所以，素以为绚，就是以朴素为绚丽。

子夏问的其实是：这件事怎么解释？

哈哈，还用解释吗？比如那个女孩子，微微一笑也好看，眼珠一转也好看，用不着刻意打扮，自然就顾盼有神，楚楚动人。

没错，巧笑倩兮，美目盼兮。

因此，素以为绚兮。

老先生却把话题扯开了。

他说：

绘事后素。

意思是：画花纹，先要有素净的底子。

子夏便马上接着问：

礼后乎？

意思是：礼乐，也是后面的事吧？

孔子听了兴高采烈。他说：卜商，能够给我启发的就是你。从今往后，可以跟你讨论《诗》了。

原文是：

起予者商也！始可与言《诗》已矣。

这些话看得我们一头雾水。

画画跟女孩子有什么关系？

漂亮女孩跟礼乐教化又有什么关系？

很简单：精神文明是个女孩子，礼乐就是她的微笑和顾盼。但，并非所有人的微笑和顾盼都好看。只有天生丽质，才能以朴素为绚丽。这就像画画一样，必须底子素净。要不然，怎么能画出绚丽的花纹？

结论是：

精神文明需要良好的心理基础。

这真是好大一个弯弯。

那么，礼乐文明那素净的底子又是什么？

本节故事见《论语·八佾》

哨兵就得坚守岗位

孔子怒了。

事情是季孙大夫家惹出来的，具体是季康子还是其他某任掌门人，不清楚。总之，他们家干了一件很不像话的事，让孔子气得浑身发抖。

这件不像话的事情叫：八佾舞于庭。

佾读如义，也就是表演乐舞的行列。

中国古代的乐舞其实是综艺节目，包括诗歌、音乐和舞蹈，春秋时期在贵族家里演出。表演的时候，演员们要排成行列，一行叫一佾，八佾就是八行。

那么，每行几个人？

有人说，不管几佾，都是每行八人。

也有人说，每行人数与佾数相同。比如八佾，就是每行八人。四佾，则是每行四人。

八佾舞于庭，有什么问题？

破坏规矩，扰乱秩序。我们知道，中国古代的乐舞并不简单地只是艺术，更是政治和伦理。因此，周礼对佾的使用做出了严格的规定，具体地说就是：

天子八佾：每行八人，一共八行，六十四人。

诸侯六佾：六行，四十八人，或三十六人。

大夫四佾：四行，三十二人，或十六人。

士二佾：二行，十六人，或四人。

那么，季孙大夫可以用几佾？

四佾，三十二人，或十六人。

实际上用了多少？

八佾，六十四人。

而且公然在庭院里演出。

这是极其严重的问题，罪名则叫**僭越**。

僭读如见，意思是非分。比方说，就像我们在上册曾经说过的，不是天子也不是诸侯，却在生前成立“丧事委员会”。这在周代是大罪，所以子路被孔子痛骂。

八佾舞于庭，也一样。

因此孔子愤怒地说：

是可忍也，孰不可忍也！

这句话也有两种解释。一种是：如果这样的事都能狠心做出来，还有什么事做不出？另一种是：如果这样的事都能容忍，还有什么不能容忍？

奇怪！不就是僭越吗？有什么狠不狠心的？

孔子却不这么认为。他说：

礼云礼云，玉帛云乎哉？

乐云乐云，钟鼓云乎哉？

意思是：

礼，难道就是礼物？

乐，难道就是乐器？

当然不是。

那是什么？

爱。

大家还记得宰予吗？他反对三年之丧，孔夫子是怎么说的？一个小孩子，生下来三年以后，父母亲才不抱他了。予也有三年之爱于其父母乎？

什么意思呢？

礼，就是爱与爱的回报。

这种爱，就叫：

仁。

或者说，

仁爱之心就是精神文明素净的底子。

表现出来，则是**礼乐**。

所以孔子说：

人而不仁如礼何？人而不仁如乐何？

这句话翻译过来就是：

明明是人却没有爱心，他会拿礼怎么样？他会拿乐怎么样？或者翻译为：明明是人却没有爱心，那还要礼干什么？那还要乐干什么？

不管哪种解释，结果都一样：

礼崩乐坏。

或者说：

文明毁灭。

这可是比亡国或变节更严重的事。

孔子对管仲的评价，就体现了这个观点。

我们知道，此人在历史上是有争议的。因为在争夺齐国君位的政治斗争中，管仲支持的人失败了。管仲却没有去死，反倒投靠了对方，这不是当叛徒吗？

所以，子路和子贡都瞧不起他。

孔子却不同意。因为管仲投靠齐桓公后，帮助对方建立霸权，维护了华夏文明。孔子认为，这是伟大历史功绩。因此他说：没有管仲，我们都会披头散发，衣襟往左边开了。如此力挽狂澜的人，难道也要像匹夫匹妇那样小家子气，动不动就寻死觅活吗？

什么意思呀？

原来，华夏民族的习俗，是头发扎起来，衣襟往右边开。披头散发，衣襟往左开，是野蛮人。

哈！发型和衣襟比国君是谁重要得多。

礼乐，就更重要。

可惜，礼崩乐坏已势不可挡，就连孔子的学生也都立场动摇。比如前面说过的宰予，就公然提出要将三年之丧改为一年。还有子贡，也主张偷工减料。

子贡要省去的是一只羊。

羊是祭品。按照当时制度，诸侯在每个月的初一也就是朔日，都要杀一只羊供在祖庙，叫告朔。然后回到朝廷处理政务，叫视朔或听朔。

但是到了孔子的时代，诸侯们既不告朔，也不视朔或听朔，只有羊照杀。子贡是生意人，便认为这个成本完全可以节约，干脆羊也别杀了。

孔子却不能同意。

不过这回他没有生气，也没有骂人，只是叹了一口气说：唉，赐呀！你心疼那羊，我痛心那礼啊！

没错，有只羊撑着门面，礼还不至于全面崩溃。

羊都没有，那就是连装样子都不肯。

装样子，就有用吗？

也没有，但是聊胜于无。

孔子的痛心疾首和无可奈何，可见一斑。

其实，真正让人心疼的正是他。

想想前面那些故事吧！从长沮和桀溺算起，有多少人认为他不识时务，有多少人认为他自讨没趣，又有多少人认为他注定徒劳。但他坚持着。他就像哨兵，眼看身后的城堡就要空无一人，却仍然站立在岗位上。

这样的哨兵，是值得尊敬的。

本节故事见《论语》之《八佾》《阳货》《宪问》

别忘了你是人

孔子心疼礼，更担忧人心变坏。

这可比什么都严重。国破了可以重建，家亡了可以重组，秩序乱了可以治理，人心变坏就不可收拾。因此，尽管隐士说洪水滔天没有救，孔子还是要在巨浪滚滚中筑起高墙，挽救江河日下的世道人心。

问题是，这可能吗？

孔子认为能。

为什么呢？

因为人心都是肉长的，也都有柔软的部分，而且还柔软得碰都不能碰。一旦毁灭，人将不人。

结果，最柔软的，反倒是最坚强的。

保住这个，想建的城堡就有了坚实的基础。

那么，它是什么呢？

亲亲之爱。

什么是亲亲之爱？

就是亲人与亲人之间的爱。

比方说，父母爱子女，子女爱父母。

这种爱，大家都有吧？

问题是，那又有什么了不起呢？

就可以奠定伦理道德的基础。

道理也很简单：这种爱与生俱来，发自内心，不需要培养也不需要教育，不需要讨论也不需要证明，就连许多动物都会，难道人还不如狗？

亲亲之爱，人皆有之啊！

人人都有，就毋庸置疑。比方说，大家都是人生父母养的，那么请问该不该爱父母？

该。

那好，第一种伦理学的概念诞生了。

这个概念就是：

孝。

父母爱子女，更毋庸置疑。

第二种概念也诞生了，这就是：

慈。

兄弟姐妹之间呢？

悌。

悌读如替，是横向的。

孝和慈，则是纵向的。

无论纵横，都是仁，也都是爱。

纵横交错，**仁学结构**就建立起来了。

下一步，是拯救世界。

呵呵，可能吗？

孔子认为没问题，因为仁爱有两条原则。

第一条叫：

对等相爱。

比方说，子女对父母孝敬，父母对子女慈爱，哥哥对弟弟友善，弟弟对哥哥恭敬，等等。

这就叫：

父慈子孝，兄友弟恭。

虽不平等，却也对等。

也就是说：

爱是双向的。

第二条叫：

顺序延伸。

比方说，对父母孝，对父母的父母自然也孝；对子女慈，对子女的子女自然也慈。

这就把纵向的关系打通了。

同样，对亲兄弟姐妹悌，对于堂兄弟姐妹、表兄弟姐妹和族兄弟姐妹当然也一样。更重要的是，这个横向关系可以继续延伸，延至类似兄弟姐妹的其他人，比如同学、同事、同乡，甚至外国友人。

横向的关系也全部打通了。

也就是说：

爱是广泛的。

结果怎么样呢？

四海之内皆兄弟也。

这时，就可以实现孔子的理想：

让世界充满爱。

世界充满爱，还会礼崩乐坏吗？
世界充满爱，还会天下大乱吗？
孔子认为，不会了。
那么请问，这难道不值得为之奋斗？
当然。
问题是：怎样实现？

本节引文见《论语·颜渊》

做个好人难不难

在孔子那里，仁似乎很难。

曾经有人问：子路这个人，仁吗？

答：仲由啊，可以当军政部长，仁不仁不知道。

又问冉有。

答：阿求啊，可以当财政部长，仁不仁不知道。

又问公西华。

答：阿赤啊，可以当礼宾司长，仁不仁不知道。

至于自己，孔子的说法是：

若圣与仁，则吾岂敢！

好难啊！

但是孔子又说：

仁远乎哉？我欲仁，斯仁至矣！

这句话的意思是：仁德难道离我们很远吗？只要你真正想要，它就召之即来，近在眼前。

好像又不难。

那么，到底是难，还是不难？

也难也不难。

孔子说：

志士仁人，无求生以害仁，有杀身以成仁。

哈，豁出命来干啊！

所以，成为仁德的标杆型人物，难。
但，孔子又说：

仁者先难而后获，可谓仁矣。

按劳取酬，先苦后甜，就算仁，不难吧？
做个有爱心的人，便更不难。
何况孔子也有办法，这就是：

忠恕之道。

什么是忠？

己欲立而立人，己欲达而达人。

什么是恕？

己所不欲，勿施于人。

自己想站得住，也让别人站得住。
自己想行得通，也让别人行得通。

自己不愿意的，决不强加于人。

这就是忠和恕，也都是仁。

只不过，忠是积极的，恕是消极的。

那么，哪个更重要？

消极的仁——恕。

有一次，子贡问孔子：有没有一句话可以高度概括仁德，而且能够一贯到底终身受用无穷呢？

孔子说：那就是恕啊！己所不欲，勿施于人。

为什么会这样说？

因为孔夫子主张仁爱之心和忠恕之道，归根结底还是为了每个人的幸福，包括自己以外的别人。正是为了也让所有人幸福，这才主张自己想站得住，也让别人站得住；自己想行得通，也让别人行得通。

但，如果自己都站不住、行不通呢？

或者，人家没想要立，没想要达呢？

仁爱之心，岂不落空？

恕却没有这两个问题。

自己不愿意的也不强加于人，却谁都做得到，别人也会同意。因为“恕道”中隐含着一个前提，那就是对他人的尊重。所以在今天，己所不欲，勿施于人，已经不仅是孔子的主张，也是全人类的共识。

后来，孟子又提出了恻隐之心，与孔子的主张共同构成儒家的仁学结构：

亲亲之爱，

忠恕之道，

恻隐之心，

让世界充满爱。

恻隐之心，其实就是同情心和怜悯心，具体表现是不忍心看见一个人无缘无故受到伤害，更不忍心故意去加害于人，所以也叫不忍之心。

这个观点，请大家去看孟子的故事。

孔子和孟子还认为，忠恕之道只是方法，亲亲之爱和恻隐之心却是根本，是天良，是每个人天生就有而且应该有的。如果没有，就不能称之为人。

所以，倘若谁说仁爱很难，做不到，那么，他们会很乐意提醒：别忘了你是人。

现在，还有问题吗？

有。

本节故事见《论语》之《公冶长》《述而》《卫灵公》《雍也》《颜渊》

假如父亲偷了羊

有一天，孔子跟好龙的叶公聊天。

叶公说：我们那里有个人，很真实也很正直。父亲偷了别人的羊，他就去官府举报。

孔夫子听了，大摇其头。

他说：我们那里的“直”可不一样。

叶公问：那是怎样呢？

孔子说：

父为子隐，子为父隐，直在其中矣。

也就是说，儿子犯了罪，父亲便替他隐瞒，父亲犯了罪，儿子便替他隐瞒，才叫为人正直。

这是儒家重要思想，叫：

亲亲相隐。

什么？包庇犯罪分子？

差不多是这个意思。

但，只是替他隐瞒，并不伙同作案。

这好像也不对吧？

看起来是。

那么，孔子为什么还这样主张？

因为不提倡亲亲相隐，社会就会崩溃。

这不是危言耸听。我们知道，维护社会的稳定无非一靠法律，二靠道德，三靠情感，而且分工不同：

法律防恶。

道德向善。

情感维稳。

第三条往往被忽略，其实却很重要。因为如果人人有爱，那就个个有德，法律不过以防万一。相反，若是都无情无义，势必人人作恶，法律将防不胜防。

这就要再问：情感维稳的基础又是什么呢？

亲情。因为亲情是天然的、发自内心的，不需要培养和教育、讨论和证明，岂非最为可靠？这个最可靠的基础如果坍塌，那还不地动山摇？

那么好了，如果儿子犯了罪，父亲就去揭发，父亲犯了罪，儿子就去举报，请问还有情吗？

没有。所以：

要维护社会稳定，就必须守住亲亲之爱。

要守住亲亲之爱，就必须主张亲亲相隐。

这一点，许多法治国家都意识到了。

因此，他们提出了一个法律概念：

免证特权。

具体说就是，一个人如果涉嫌刑事犯罪，他的近亲属可以享受以下特权：

知情不报；

不配合执法部门，不提供破案线索；

拒绝出庭作证。

如果愿意出庭，那么，在法庭上有权只提供有利于犯罪嫌疑人的证据，没有义务提供不利于犯罪嫌疑人的证据，法庭不得强迫他们说什么，他们有权保持沉默。

但，以上特权，仅仅适用于近亲属。

哈，亲亲相隐合法，传统与现代也对接了。

不过，这里面还是有问题。

比如，如果父亲是汉奸，难道也要亲亲相隐？

当然不能。对此，传统文化的主张是：

大义灭亲。

有了这个主张，问题解决了吗？

对不起，还是没有。是啊，小义可以相隐，大义只能灭亲，不大不小的“中义”呢？或者，如果我们认为对方应该受到法律制裁呢？有办法解决吗？

有，引进现代法律观念，具体地说就是：

将亲亲相隐定义为权利而不是义务。

权利和义务，有什么区别呢？

义务必须履行，权利可以放弃。

也就是说，你虽然享有免证特权，却未必要行使。如果自愿配合执法部门的调查，提供破案线索并出庭作证，不过是放弃免证特权，没有法律问题，也没有道德负担，更不应该受到谴责。

对，灭亲还是相隐，自己看着办。

这就真实，也自由。

那么，这是孔子的主张吗？

当然不是。

孔夫子，哪能有现代法治观念？

结论是什么呢？

继承文化遗产，一定要做现代阐释。

比方说，孝。

本节故事见《论语·子路》

尽孝不是做奴隶

有一次，孔子外出，驾驶员是樊迟。

樊迟前面说过，就是脑子进水想学农，惹得孔子很不高兴的那个。不过孔子倒也没歧视他，不但让他当了自己的驾驶员，路上还跟他聊起天来。

孔子说：有人向我问孝了。

问孝，就是问怎样做才算是尽孝。

孔子的回答是：无违。

樊迟不懂，问：什么意思呀？

孔子说：活着的时候按照礼制侍奉，去世以后按照礼制埋葬，按照礼制祭祀。

原来，违，是指违背礼制，不是违抗父命。

孝，也只是遵礼，不是听话。

相反，孔子认为，父母亲如果有错，做子女的可以提意见，只不过必须遵守三条原则：

语气要委婉，态度要温和。

反复劝说无效，那就还得顺从。

对父母的错误决定，可以着急，不能怨恨。

很清楚，孔子并不认为尽孝就是做奴隶。

当然，父母亲的决定，子女最后还是要服从。这也并不奇怪。那时四世同堂，财产家族所有，遇到问题总得有人做主，便只好规定大家都听父母的。然而服从是有条件的，不是无条件的。至少在此之前，子女还可以行使批评权和建议权，并非只能唯唯诺诺。

而且，孔子也承认做父母的可能出错。

所以，听不听话，老先生未必在意。

那么，他在意什么呢？

态度。

孔子说，长辈有事就去服务效劳，好酒好菜让他们先吃先喝，父母亲老了便养起来，能做到这些难道就是尽孝了吗？当然不是。要知道，就连狗和马，我们也都是要养着的。如果内心没有恭敬，脸上没有笑容，那么请问，赡养父母跟养狗养马又有什么区别？

由此可见：

孝，首先是恭敬而愉快的态度。

行动时恭敬而愉快，才是尽孝。

结论也很简单：

孝敬，是孔子的主张。

孝顺，就未必。

用所谓“孝道”进行道德绑架，强迫子女奴隶般地服从父母，宣称不听话不服从就是不孝，从而任意侵犯其人权，剥夺其自由，就更不是孔子的原意。

何况时代早就变了。

过去，生存主要凭经验。

现在，发展只能靠打拼。

信息时代，经验之谈并不一定都管用。就算在任何时候经验都是财富，也更多地得靠自己去积累。

父母亲的话，当真非听不可吗？

未必啊！

当然，完全不听，也不对。

兼听则明，何况是父母的意见。

实在不同意，也可以反对。

不过这样一来，态度就格外重要。

想想也是，你不听话，他们本来就觉得自己的一片好心被当成了驴肝肺。如果态度还不好，父母亲可不得气晕过去？万一心脏病发作，我们后悔终生。

所以还是孔子正确：你可以反对他们的意见，但是语气要委婉，态度要温和，说话要有礼貌。

其实，反过来也一样。

换句话说就是：父母对子女也不能颐指气使，动辄呵斥。这道理想想就明白：如果你的孩子从小就没见过好脸色，又怎么能指望他将来对你恭敬而愉快？

何况孔子还说：色难。

什么意思呀？

在父母面前保持愉快，很难。

这是大实话。的确，恭敬是做得到的，恭敬而愉快就不好说。久病床前无孝子，再说谁在工作和生活中还没点烦心事？这时就算笑容满面，那也是装的。

装出来的愉快，有意思吗？

没有。

所以，孔子又为孝道设了条底线：

唯其疾之忧。

疾，就是疾病；其，就是父母。意思是：担心父母生病的就是孝子。或者说：只要能做到除了生病，其他事情都不用父母操心和担忧，就是孝子。

后一种解释可能更接近本义，因为孔子还说过：

父母在，不远游。游必有方。

父母在，怎么就不能远游呢？

有两个原因：

一、父母随时可能生病，走得太远赶不回来。

二、离家太远他们不放心。

父母总是挂念儿女的，所以传统教育规定：

出必告，反（返）必面。

也就是说，做子女的如果有事，出门前一定要告诉父母，回家后也一定要跟父母亲打个照面，哪怕你只是去打酱油。因为走前不说，他们找不到你会着急；回来以后不去报告，他们会以为你出事了，要担忧。

打酱油尚且如此，何况远游？

所以，即便远游也要有明确去处，不能漫游。

这就叫：游必有方。

可怜天下父母心啊！

由此可见：

不让父母担忧操心，就是孝。

能做到这一点，就在及格线以上。

结论也很清楚：

孝，根本在爱心。

有爱心，就会有恭敬而愉快的态度。

听不听话，反倒是不重要的。

本节故事见《论语》之《为政》《里仁》，《礼记·曲礼上》

做个聪明人

有一次，樊迟向孔子请教。

樊迟先问仁。

孔子说：爱人。

然后又问智。

孔子说：知人。

智，原文写作知，但读如智，意思也是智。

仁与智，是孔子思想体系的两个重要概念。仁者与智者，则是他最为欣赏的人。是啊，仁者有爱心，智者有眼力。一个爱人，一个知人，都了不起。

既有仁心又有智慧呢？

哈哈，那就是圣人。

圣人长什么样？

请看古文字和繁体字：

甲骨文　　金文　　繁体

看出特点了吗？

对的，耳朵特别大。

耳朵好，就叫聪。

眼睛好，就叫明。

圣，本是聪明人。

实际上这个字在上古，跟声音的声、听觉的听都是同一个字，繁体字的偏旁部首也都是耳朵的耳：

聖	聲	聽
圣	声	听

因此，圣的本义是：听觉敏锐。

后来变成：一听就懂。

然后变成：无所不通。

最后变成：造极登峰。

所以，孔子不承认自己是圣人。

他的自我定位，是“快乐的教书匠”。

但，老先生知道什么是聪明智慧。有一次，他突然对子路说：仲由啊，我来告诉你什么是智。

子路马上洗耳恭听。

孔子说：

知之为知之，不知为不知，是知也。

知道就知道，不知道就不知道，这才是真知道。
不懂装懂，其实是假知道，也是不智。
明白了吗？

孔子为什么要跟子路说这些话？

也许，那家伙太喜欢自以为是吧！

但总之，智的核心就是：

实事求是。

操作层面，孔子也有教诲，他说：

> 可与言而不与之言，失人。
>
> 不可与言而与之言，失言。
>
> 知者不失人，亦不失言。

这些话很重要。人不可貌相，海水不可斗量。看人是件难事，又不能不会。道理也很简单，一个人如果跟你不在同一层面，却去跟他沟通，不但浪费时间，弄不好还会产生误会，无事生非。反过来也一样，可以交流而不交流，则会失去难得的知音。

这两种情况，都属于不智。

所以孔子说：知者不失人，亦不失言。

不失人亦不失言，就快乐。

孔子是快乐的。

他说：

知者乐水，仁者乐山。

知者动，仁者静。

知者乐，仁者寿。

这段话非常有名，争议也很大。

比方说，知者乐水，仁者乐山，这个“乐”字该怎么读？就有读如要、读如岳、读如勒三种。这句话的解释也有两种：一种说智者喜欢水，仁者喜欢山；另一种说仁者的心情宁静如山，智者的快乐欢畅如水。

谁说得对？

都有道理。

但，智者似水，仁者如山，不会错。

这是非常高明贴切的说法。中华文明在西周时期就产生了“天人合一”的观念，尽管还比较朦胧。孔子则把这个观念具象化了，也把人生理想艺术化了。在他的眼里，智慧就像源头活水奔流不息，爱心则像崇山峻岭岿然不动，人格精神就这样与大自然融为一体。

智慧常在，所以说智者乐。

爱心永恒，所以说仁者寿。

那么，孔子是山还是水？

山山水水。

的确，他是崇山峻岭，也是长河大江，甚至是中华智慧的源头之一。百家争鸣因他而起，传统美德也因他而立。尽管他的思想未必全都正确，也尽管对他的评价仍会争议不断，但至少，我们可以像他那样：

争取做一个有爱心的聪明人。

这，难道不很有意义吗？

应该是的。

据说，有一次孔子来到某条河边，站在岸上看着那河水感慨万千。他说：时光岁月就像它，不分昼夜地向前奔腾涌流。这是非常富有哲理和寓意的。那就让我们记住这句话，并想象当时的情景吧：

子在川上曰：逝者如斯夫，不舍昼夜。

本节故事见《论语》之《颜渊》《为政》《卫灵公》《雍也》《子罕》

易中天

1947 年出生于长沙

曾在新疆工作，先后任教于武汉大学、厦门大学

现居江南某镇，潜心写作

胡永凯

1945 年生于北京

曾从事美术电影及连环画、绘本创作，多次获国内外奖项

现为中国国家画院研究员，作品被中国国家博物馆、中国美术馆收藏

论语故事（下册）

作者 _ 易中天　　绘者 _ 胡永凯

编辑 _ 王光裕　装帧设计 _ 于欣
技术编辑 _ 白咏明　执行印制 _ 刘淼　策划人 _ 王誉

营销团队 _ 魏洋 张艺千 成芸姣

鸣谢

贺彦军

果麦
www.goldmye.com

以 微 小 的 力 量 推 动 文 明

图书在版编目(CIP)数据

论语故事 / 易中天著 ; 胡永凯绘 . -- 杭州 : 浙江文艺出版社, 2025. 6（2025.11 重印）. -- ISBN 978-7-5339-7972-0

Ⅰ . B222.2-49

中国国家版本馆 CIP 数据核字第 2025T00Q85 号

论语故事

易中天 著　胡永凯 绘

责任编辑　陈　园

装帧设计　于　欣

出版发行　浙江文艺出版社

地　　址　杭州市环城北路 177 号　　邮编 310003

经　　销　浙江省新华书店集团有限公司

　　　　　果麦文化传媒股份有限公司

印　　刷　河北鹏润印刷有限公司

开　　本　875 毫米 ×1240 毫米　1/32

字　　数　150 千字

印　　张　9.25

印　　数　35,001-50,000

版　　次　2025 年 6 月第 1 版

印　　次　2025 年 11 月第 4 次印刷

书　　号　ISBN　978-7-5339-7972-0

定　　价　78.00 元（全二册）